Fährtenarbeit mit Hunden für Einsteiger

Wie Sie Ihrem Hund das Fährtenlesen, Spurensuche, Mantrailing & Nasenarbeit mit viel Spaß leicht beibringen

Alexander Rosskamp

INHALT

Das erwartet Sie in diesem Buch

Eine informative sowie kompakte Zusammenfassung zum Thema Fährtenarbeit für Hunde. Beginnend bei den allgemeinen Grundlagen, Begriffen und Prinzipien dieser gemeinsam mit Ihrem Vierbeiner zu gestaltenden, spannenden und vor allem artgerechten Möglichkeit des Hundetrainings, begleite ich Sie mithilfe anschaulicher und alltagstauglicher Anwendungsbeispiele durch die verschiedenen Etappen des Erlernens der Fährtenlese sowie deren unterschiedliche Einsatzgebiete. Dieser Ratgeber soll

Sie mittels wissenswerter Informationen darin unterstützen, die Vorliebe und das Potenzial zur Nasenarbeit Ihres Hundes spielerisch zur Entfaltung kommen zu lassen, sodass Sie und Ihre Gefährtin, Ihr Gefährte gemeinschaftlich ein aufregendes Projekt, welches obendrein die Hund-Mensch-Bindung stärkt, verwirklichen können.

Ich wünsche Ihnen viel Freude beim Lesen und Ihrem Nasenspezialisten viel Spaß beim Schnüffeln.

Kapitel 1 Was ist eigentlich Fährten- arbeit und was be- nötige ich hierfür

1. HINTERGRÜNDE UND HERKUNFT

Wie Ihnen mit hoher Wahrscheinlichkeit bekannt, ist die wilde Stammform unseres heutigen Haushundes der Wolf. Dieser stellt das größte Raubtier aus der Familie der Hunde dar.

Es wird laut neuen Untersuchungen im Wissenschaftsjournal *PNAS* seitens verschiedener Archäologen vermutet, dass die ersten Grundsteine hinsichtlich der Beziehung zwischen Hund und Mensch erstmals bereits vor 23.000 Jahren inmitten der letzten Eiszeit in Sibirien gelegt wurden.

Mit der Zähmung eines Wolfes bzw. dessen Integration in ein menschliches Umfeld, der sogenannten Domestizierung, begann die Entstehung unseres heutigen besten Freundes und Begleiters.

Einer der ausschlaggebendsten Bestandteile des Jagderfolges von Wölfen und deren Kommunikation untereinander ist die sogenannte olfaktorische Wahrnehmung – der Geruchssinn. Dieser unterliegt komplexen Zusammenhängen, auf welche ich im nächsten Kapitel noch expliziter eingehen werde.

Beide Arten, Wolf wie Hund, weisen eine genetische Übereinstimmung von ca. 99,7 % bis 99,9 % auf, sind also beinahe identisch und teilen sich einen erstklassigen Geruchssinn. Von dieser ausgeprägten Sinnesleistung durften Menschen im Laufe der Domestikation des Hundes in verschiedenen Bereichen profitieren. Ob der Mensch nun des Hundes von Natur aus gegebenen beeindruckend guten Geruchssinn zum Zwecke der allgemeinen Nahrungsbeschaffung nutzte, ob er speziell mit dessen Hilfe Wild ausfindig machte oder ob er ihn, und auch hierüber liegen historische Aufzeichnungen vor, gezielt zu inhumanen Zwecken hinsichtlich der Personensuche, wie zum Aufstöbern entlaufener Sklaven im alten Ägypten oder zum selbigen vom 16. bis weit in das 19. Jahrhundert in den heutigen USA, nutzte.

Demnach wurde der Hund durch seine Fähigkeit der Geruchsdifferenzierung und durch seinen natürlichen, in den Genen verankerten Trieb zur Fährtenlese schon sehr früh und vielfach in der Menschheitsgeschichte als Helfer in verschiedenen Aufgabengebieten eingesetzt.

2. DER GERUCHSSINN DES HUNDES

Da wir nun wissen, dass die genetische Übereinstimmung des modernen Wolfes sowie dessen Haustierform, die unseres Hundes, nahezu identisch ist, gelten die genannten Aussagen für beide Arten. Wie im vorherigen Kapitel angeschnitten, verfügt der Vorfahre unserer heutigen Haushunde über eine herausragende olfaktorische („olfacere", was aus dem Lateinischen abgeleitet ist und für „riechen" steht) Wahrnehmung. Wölfe wie Hunde sind sogenannte „Makrosmatiker" oder „Makrosmaten" (griechisch „Großriecher"). Diese Begriffe verwendet man für Lebewesen, deren Geruchssinn sehr ausgeprägt entwickelt ist und zudem eine besonders tragende Rolle in Bezug auf die Sinne spielt. Soll heißen, der Geruchssinn wird wesentlich stärker als zum Beispiel die visuelle Wahrnehmung über die Augen genutzt. Als olfaktorischer Beutegreifer ist es des Wolfes und somit auch des Hundes natürliche Bestimmung, Spuren aufzunehmen, sein Trieb und somit auch sein Bedürfnis. Somit ist die Fährtenlese eine Beschäftigung, die Ihren Hund mental bestens auslastet. Sie ist Fitness für Körper und Geist.

Das Riechorgan, die Nase des Hundes, ist ein regelrechtes Hochleistungsorgan, was sich allein an der Anzahl der Riechzellen erkennen lässt. Zum Vergleich: Ein Mensch besitzt ca. 5 Millionen dieser Riechzellen. Ein Hund hingegen bis zu 300 Millionen. Unter Hunden gibt es, je nach Rasse, diesbezügliche Unterschiede. Wo der Deutsche Schäferhund, eine der besten Spürnasen, 225

Millionen dieser Zellen besitzt, verfügt der Dackel über immer noch sage und schreibe 125 Millionen. Labrador Retriever, Beagle, Malinois wie auch Jagdhunde, Pointer und der Deutsch Kurzhaar zählen zu den Rassen mit der besten Riechleistung. Die Spitze bildet der Bloodhound. Ein Lauf- und Meutehund für Hochwild, welcher mit rund 300 Millionen Riechzellen ausgestattet ist. Generell gilt für alle Hunde, dass sie Gerüche blitzschnell analysieren und filtern, sodass diese Informationen an deren Gehirne transportiert und ausgewertet werden.

Anhand Messungen konnte festgestellt werden, dass Hunde im Vergleich zu uns Menschen in etwa ein Million-mal besser riechen. Sie werden vehement mit neuen Geruchspartikeln versorgt, da sie unter anderem während des Schnüffelns mittels kurzen Atemzügen bis zu 300-mal in der Minute atmen und somit ihre Riechleistung bei Bedarf intensivieren können. Die vehement feuchte Nase des Hundes trägt dazu bei, dass möglichst viele Duftmoleküle aufgenommen werden. Auch die beim Hund vorliegende Anzahl der Geruchsrezeptoren unterscheidet sich gravierend von der, die uns Menschen zur Verfügung steht.

350:1200 Rezeptoren. Darüber hinaus umfasst bei Hunden der Teil des Gehirns, welcher die Daten in Bezug auf das Riechen verarbeitet, satte 10 % des gesamten Gehirns. Bei uns Menschen hingegen beträgt dieser Prozentsatz lediglich 1 %.

Im Vergleich zum Menschen, welcher sich größtenteils visuell orientiert, ist es auch dem Hund mithilfe seiner Nase möglich, räumlich zu riechen, links und rechts zu unterscheiden und überdies Gerüche zu schmecken. Hunde sind somit in der Lage, mehrere Fährten gleichzeitig aufzunehmen. Der Geruchssinn des Hundes ist daher nicht nur evolutionär betrachtet von überlebensnotwendiger Bedeutung sowie in der Kommunikation mit Artgenossen essenziell, sondern hebt sich auch im Vergleich zu anderen Lebewesen positiv hervor.

Hier noch einmal die zwei ausschlaggebendsten Unterschiede im Riechvermögen zwischen Hund und Mensch zur Übersicht gegenübergestellt:

10 % seines Gehirns nutzt der Hund, um Gerüche zu verarbeiten. Wir Menschen nutzen hingegen lediglich 1 % unseres Hirns, um dies zu tun.

125 bis 300 Millionen Riechzellen befinden sich, abhängig von Schnauzenlänge und Rasse, in der Nasenschleimhaut eines Hundes. Der Mensch besitzt demgegenüber nur ca. 5 Millionen dieser.

All diese Vorzüge sind für die Fährtenarbeit von großer bis unerlässlicher Bedeutung.

3. WAS IST EINE FÄHRTE UND WAS MACHT SIE AUS

Zu Beginn möchte ich einige grundlegende Begriffe und Techniken erläutern, die für die Fährtenarbeit von Bedeutung sind.

Eine Fährte kann in unterschiedlichen Einsatzgebieten zum Tragen kommen: zum Auffinden von Gegenständen, Objekten, zum Suchen von Tieren und (bestimmten) Menschen sowie im sportlichen Kontext. Diese Unterkategorien werde ich in Kapitel 4 aufgreifen.

Zunächst führe ich die folgenden Überkategorien an:

• die Fährtenarbeit, bei welcher der Hund unmittelbar einer durch Mensch oder Tier erzeugten Bodenverletzung, einer somit entstandenen *mechanischen Spur* folgt.

• die Personensuche, das sogenannte Mantrailing. Bei der Personensuche nimmt der Hund mithilfe der in Form von schwebenden Geruchspartikeln entstandenen Geruchsspur eines Menschen die Witterung auf und bestimmt somit die Suchrichtung und verfolgt dessen Fährte, welche durch den Wind verweht neben einer *mechanischen Spur* verläuft.

In der Fährtenarbeit verhält es sich wie folgt:
Mittels des eigenen menschlichen Körpergewichts begehen und zertrampeln Sie als Fährtenleger die gewählte Erdoberfläche. Dieser Untergrund, zum Beispiel Gras, wird durch Ihre Begehung zerstört und es entsteht somit eine Bodenverletzung, eine *mechanische Spur*. Diese Art Bodenverletzungen können ausschließlich auf natürlichem Boden wie Wiesen, Waldwegen und Feldern entstehen. Durch das Zertreten von Pflanzen, Mikroorganismen und Co. beginnt unmittelbar ein Prozess der Zersetzung, welcher dazu führt, dass sich der Geruch entlang der Bodenverletzung von dem Geruch der umliegenden, unverletzten Bodenbereiche unterscheidet und somit abgrenzt. Diese Verletzung des Bodens nennt man *Grundwitterung*.

Des Weiteren verlieren Sie als Fährtenleger entlang der Fährte, die Sie wie oben geschildert durch Tritte abgelaufen sind, unweigerlich eigene, von Ihnen selbst abfallende, kleinste Teilchen. Sie legen somit zusätzlich Ihren sogenannten *Individualgeruch* entlang der Fährte.

Diese beiden Gerüche, die *Grundwitterung* und der *Individualgeruch*, bilden durch bakterielle und chemische Vorgänge einen Geruchskomplex, welcher sich je nach Wetterlage – je nach Niederschlag, Temperatur, Windstärke, Luftdruck wie Luftfeuchtigkeit, etc. – intensiviert. Dieser, sich durch diesen ineinandergreifenden Hergang entstehende Geruch ist äußerst individuell. Gerade Feuchtigkeit ist hierbei äußerst vorteilhaft, da sie den entstandenen Duft verstärkt.

Im Laufe der Zeit wird sich diese Spur abschwächen und somit dem Umgebungsgeruch wieder anpassen.

Da die mechanische Spur, wenn nicht sehr frisch gelegt, durch durchquerende andere, umliegende und kreuzende Spuren sowie sich ändernde Witterungsverhältnisse relativ schnell nicht mehr vom Hund korrekt aufgenommen und verfolgt werden kann, verhält sich dies bei der eigentlichen Duftspur, welche gezielt einem bestimmten Menschen zugeordnet werden kann, anders. Die individuelle Spur ist unter guten Voraussetzungen sogar noch nach Wochen aufspürbar und von dahin gehend ausgebildeten Hunden auf verschiedenen Untergründen übergangslos zu verfolgen. Da Hunde instinktiv eher dazu geneigt sind, einer Duftspur als dem entstandenem Geruch einer mechanischen Bodenverletzung zu folgen, sollte die Fährtenarbeit zielgerichtet mit dem Hund Schritt für Schritt trainiert werden.

Wie dieses Training schrittweise aufgebaut werden kann, erfahren Sie im nächsten Kapitel.

4. VORAUSSETZUNGEN FÜR DAS TRAINING

Auch, wenn der Spruch: „Früh übt sich, wer ein Meister werden will" für das Lesen von Fährten zutrifft, will hier in erster Linie gesagt sein, dass die Fährtenarbeit prinzipiell von Hunden aller Altersgruppen, Rassen und Größen erlernt und ausgeführt werden kann, vorausgesetzt, der Hund ist und wird für diese konzentrierte, kognitive Aufgabe in Bezug auf seine individuelle gesundheitliche Situation nicht überfordert. Welpen sollten erst nach einer Eingewöhnungszeit beim neuen Besitzer trainiert werden. Auch Hundesenioren und gehandicapte Hunde können im Zuge ihrer Möglichkeiten trainiert werden. Im Zusammenhang mit diversen Alterserscheinungen und/oder Behinderungen kann es etwas mehr Übung, Ruhe und Geschick erfordern, die Übungen zu gestalten.

Als kleine Faustregel und als zeitliche Orientierung gilt zu erwähnen: 15 Minuten lang gezieltes Training in Form von Nasenarbeit lassen Ihren Hund so ermüden wie ein zweistündiger Spaziergang. Aus diesem Grund ist es vorteilhaft, in kurzen Einheiten von etwa 10 bis 15 Minuten, bei Bedarf einmal täglich, zu trainieren. Sie kennen Ihren Hund am allerbesten und wissen intuitiv, bestens einzuschätzen, wovon er profitiert, was ihn überfordern und was ihm schaden würde.

Allgemein gesagt, ist es für jeden Hund zufriedenstellend, einen „Job", eine Aufgabe zu haben, denn dies fördert unter anderem sein Selbstbewusstsein und somit auch seine mentale wie körperliche Gesundheit. Ein zusätzlich hervorhebenswerter, positiver Begleiteffekt der Fährtenarbeit ist, dass die Bindung zwischen Ihrem Hund und Ihnen durch die gemeinsame Arbeit, das Lösen von Aufgaben, zusätzlich gefestigt wird. Abschließend sei hierzu zu sagen, dass die Grundstimmung zwischen Ihrem Hund und Ihnen als Hundeführer bei der Fährtenarbeit stets positiv sein sollte, daher sind Hektik und Druck, allgemein gesagt Stress, zu vermeiden.

5. EQUIPMENT

Kommen wir nun zum benötigten Zubehör für das Training. In erster Linie wäre hier das Motivationsobjekt zu nennen – das Futter. Sollte man, und dies ist innerhalb der Fährtenarbeit überwiegend der Fall, mittels Bestätigung durch Futter arbeiten, ist die richtige Auswahl des Fährtenfutters wesentlich. Zu bevorzugen ist ein vom Hund favorisiertes, von ihm schnell aufzunehmendes, weiches, möglichst geruchsneutrales, sich farblich kaum bis gar nicht vom gewählten Untergrund zu unterscheidendes, feuchtigkeitsfestes Futter, welches sich in relativ gleich große Portionen bzw. Stücke teilen lässt.

Die Farbe des Futters spielt insofern eine Rolle, als wir vermeiden möchten, eine Sichtfährte zu legen. Der Hund soll die von Ihnen gelegte Spur ausschließlich mit der Nase abarbeiten und die Belohnung nicht gar schon von Weitem erspähen. Feuchtigkeitsfest sollte das Futter aus dem Grund sein, dass es nicht bei dem kleinsten Regenschauer sofort aufweicht. Da sich Insekten wie die Ameise vorzugsweise von Zucker und Protein ernähren, wäre es in Bezug auf die Wahl des Futters vorteilhaft, wenn dieses zumindest keinen Zucker enthält. Wobei, das möchte ich an dieser Stelle gern über das Thema hinaus ergänzen, zum Wohle der Hundegesundheit generell auf zuckerhaltige Futtermittel verzichtet werden sollte. Ich empfehle Ihnen, ein separates Futter für die Fährtenarbeit zu wählen. Ein Futter, welches Ihr Hund ansonsten weder als Hauptfutter noch als Leckerli für andere ausgeführte Befehle im Alltag bekommt, da er das Fährtenfutter langfristig mit der Nasenarbeit verbinden wird. Sie sollten für eine Fährte jeweils immer dasselbe Futter verwenden, da Ihr Hund ansonsten durch die unterschiedlichen Gerüche der verschiedenen Futtersorten vom eigentlich zu verinnerlichenden Geruch der Fährte abgelenkt wird.

Das gleiche Prinzip wie in Bezug auf das separate Futtermittel gilt für das benötigte, gut sitzende, Brustgeschirr. Auch dieses sollte sich eindeutig von dem Geschirr, welches Sie für reguläre Spaziergänge oder andere gemeinsame Tätigkeiten mit Ihrem Hund nutzen, unterscheiden. Dies dient dem Zweck, dass Ihr Hund dem gesonderten Geschirr im Laufe des Prozesses eine eigene Bedeutung und Aufmerksamkeit zukommen lässt und somit lernt, dass er, nachdem dieses angelegt wurde, zur Spurensuche übergehen darf. Alternativ zum separaten Brustgeschirr ist zum Beispiel ein Halstuch zu verwenden, welches Sie Ihrem Hund ausschließlich für die Fährtenarbeit kurz vor dem Start der Suche umlegen.

Von einem Halsband ist aufgrund des Zuges, welchen der Hund während der Spurensuche erzeugt, aufgrund der Strangulationsgefahr, dringend abzuraten. Die Nutzung eines separaten Geschirrs dient demnach zur Konditionierung im Hinblick auf die gezielte, gemeinsame Fährtenarbeit und soll somit auch gleichzeitig verhindern, dass Ihr Hund während normaler Spaziergänge selbstständig Fährten aufnimmt.

Für den Einstieg in die Fährtenarbeit definitiv nicht vonnöten, doch der Vollständigkeit halber zu erwähnen – im Zoofachhandel gibt es spezielle Geschirre zu erwerben, die für den Fährtensport entwickelt wurden. Diese zeichnen sich unter anderem dadurch aus, dass die Leine nicht wie bei einem üblichen Geschirr auf dem Rücken, sondern im unteren Brustbereich befestigt wird. Somit wird die Leine unter dem Hund entlang geführt und das Tempo der Suche kann seitens des Menschen gezielt gesteuert werden. Diese speziellen Geschirre sind ausschließlich in Kombination mit einem Halsband zu verwenden und nicht für den normalen Gassigang bestimmt.

Des Weiteren benötigen Sie eine Schleppleine/Fährtenleine. Diese erfüllt zweierlei Aufgaben: Zum einen soll sie dem Hund vermitteln, dass er nicht, wie schon im Vorfeld hinsichtlich des Geschirrs geschildert, selbstständig auf Spurensuche geht, sondern, dass die Fährte als Team, gemeinsam mit Ihnen, erarbeitet werden soll. Zum anderen bestimmen Sie durch die Schleppleine das Tempo der Suche. Bei der Verwendung einer handelsüblichen Suchleine rate ich zum Tragen von Handschuhen, da es durch den beim Stöbern erzeugten Zug schnell zu Verbrennungen an den Händen kommen kann. Leder hingegen führt nicht so schnell zu Verbrennungen, hat jedoch den Nachteil, dass es nach einiger Zeit nachgibt und sich somit dehnen kann. Empfehlenswert ist eine Fährtenleine aus Gurtband. Diese ist sehr belastbar, langlebig und kann bei Bedarf in der Waschmaschine bei maximal 40 Grad, in einem Wäschebeutel oder alternativ in einem Kissenbezug, gewaschen werden. Diese Art Leinen gibt es in verschiedenen Längen. Für den Anfang sind 5 bis 10 Meter vollends ausreichend.

Weiterhin bedarf es eines Stocks oder Metallschildes. Zu Beginn können Sie ersatzweise auch vorerst einen Kochlöffel oder Ähnliches nutzen. Stock oder Schild dienen als Markierung des Fährtenanfanges. Einige Fährtenführer verzichten auf die Nutzung dieser Art optischen Markierung, da sie die Meinung vertreten, dass dieses Hilfsmittel dem Hund ungewollt als Sichtfährte und somit als unerwünschter Hinweis dient. Dies gilt hierbei auch für Hinweise in Bezug auf den Geruch, da diese Markierungen zwangsläufig nach Mensch, Auto und anderen Dingen duften. Sie sollten sich im Vorfeld Gedanken darüber machen, ob Sie mit oder ohne Hilfe dieser Markierungen arbeiten. Bei dieser Entscheidung sollten Sie dann letztlich bleiben, um Ihren Hund im Laufe des Erlernens der Fährtenlese nicht zu irritieren.

Einen Notizblock sowie einen Stift zum Skizzieren des Fährtenverlaufes inklusive der augenfälligsten Geländemerkmale, damit Sie die Orientierung nicht verlieren und immer wissen, wo Sie das Motivationsobjekt, das Futter, ausgelegt haben.

Zweckmäßige Kleidung wie festes, wasserundurchlässiges Schuhwerk, je nach Witterung auch Gummistiefel, sind ebenso unverzichtbar. Ihre Schuhe sollten eine feste Profilsohle besitzen, sodass Sie damit in der Lage sind, Bodenverletzungen herzustellen.

Zu guter Letzt ist es wichtig, Ihrem Hund Wasser bereitzustellen. Das Training führt zu vermehrter Bewegung, welche die Trinkmenge Ihres Hundes erhöhen kann.

Kapitel 2 Wie beginne ich mit der Fährtenarbeit und was sollte ich im Vorfeld beachten

1. EINSTIEG IN DIE FÄHRTENARBEIT – SCHRITT-FÜR-SCHRITT-ANLEITUNG

In diesem Kapitel soll es darum gehen, Ihnen eine Schritt-für-Schritt-Anleitung zum Aufbau Ihres ersten Fährtenquadrates – auch

Abgangsquadrat genannt – zu geben. Im Vorfeld einige Voraussetzungen, die Sie vor dem Legen Ihrer ersten Fährte unbedingt beachten sollten, da sie den Erfolg Ihres Hundes bei der Suche unmittelbar beeinflussen.

1. Stellen Sie vor dem Legen der ersten sowie jeder weiteren Fährte generell sicher, dass sowohl die Bodenverhältnisse, die Geländestruktur als auch die Witterungsbedingungen geeignet sind und im passenden Verhältnis zum Grad der Ausbildung Ihres Hundes stehen. Detailliertere Informationen zu diesen genannten zu beachtenden Faktoren finden Sie in diesem Kapitel in den Unterkapiteln: 2. Gefahrenquellen, 3. Das richtige Gelände und 4. Die passende Witterung.

Falsch ausgelegte und für den Hund nicht angemessene Fährten würden seitens Ihres Hundes im schlechtesten Fall zu Unsicherheit und Frustration führen. Es ist wichtig, dass Sie als Fährtenleger weitsichtig, ruhig, zuverlässig und präzise agieren. Achten Sie des Weiteren darauf, dass Sie in einem gleichmäßigen Tempo arbeiten. Eine ritualisierte Vorgehensweise sorgt vor dem Start der Suche für mehr Konzentration und Ruhe, was Ihren Hund betrifft.

2. Legen Sie die erste Fährte in einer ruhigen Umgebung, sodass der Hund so gering wie möglich durch Störquellen beeinflusst und abgelenkt wird.

3. Achten Sie beim Aufbau der Fährte darauf, dass Sie die Windrichtung unterstützend einbeziehen. Auch hierzu mehr in diesem Kapitel im Unterkapitel: 4. Die passende Witterung.

4. Nutzen Sie die Merkmale der Landschaft zur besseren Orientierung. Büsche, Bäume, große, markante Steine, Hügel oder Ähnliches. Dies erleichtern es Ihnen, sich an den Verlauf der Fährte zu erinnern. Insbesondere auf freien Feldern ist diese Strategie von großem Vorteil.

Um die Orientierung im Gelände zu behalten, ist es vorteilhaft, wenn Sie sich eine kleine Skizze des Fährtenverlaufes inklusive der ihn umgebenden markantesten Merkmale wie den Bäumen, den Wegen, den Büschen etc. anfertigen. Somit ist auszuschließen, dass Sie vergessen, wo Sie das Motivationsobjekt ausgelegt haben.

5. Sollten nach der Fährtensuche einige Leckerchen auf der Spur liegen bleiben, die Ihr Hund während der Suche nicht gefunden hat, so nehmen Sie diese bitte bei Beendigung des Trainings

mit. Somit schließen Sie aus, dass fremde Hunde diese aufnehmen werden.

6. Zu Beginn des Trainings ist es für noch ungeübte Hunde essenziell, dass die im Vorfeld Ihrerseits saubere, korrekte Ausarbeitung der Fährte an erster Stelle steht, da dies den Grundstein für den weiteren Verlauf der gemeinsamen Arbeit darstellt und somit unweigerlich die Trainingserfolge beeinflusst.

7. Ihrem Hund soll das Fährtengeschirr erst unmittelbar vor Beginn der Suche, am Start der Fährte, angezogen werden. Nachdem Sie ihm das Fährtengeschirr angezogen haben, lassen Sie ihn sich zunächst ablegen. Das gängigste Kommando hierfür ist „Platz!". Ihr Hund soll erst mit der Suche beginnen, wenn er Ihre Freigabe erhalten hat.

8. Um das selbstständige Arbeiten zu fördern, werden während der Fährtenarbeit Kommandos und Lob sparsam verwendet.

Schritt-für-Schritt-Anleitung:

• Lassen Sie Ihren Hund für den Einstieg in das Training beim Erstellen Ihres ersten sogenannten Fährtenquadrates, auch Abgangsquadrat genannt, zusehen, indem Sie ihn in Sichtweite absitzen oder ihn sich ablegen lassen. Hiermit wecken Sie die Neugierde, das Interesse Ihres Hundes. Sollte Ihr Hund nicht an Ort und Stelle ruhig sitzen oder liegen bleiben können, binden Sie ihn so lange an, bis die Vorbereitungen abgeschlossen sind, oder bitten Sie eine Begleitperson, Ihren Hund unterdessen zu halten.

• Gehen Sie, ohne dabei weitestgehend den Boden zu verletzen, an die von Ihnen gewählte, geeignete Stelle und stecken Sie den Stock, das Metallschild oder Ähnliches in den Boden, um somit den Anfang der Fährte zu markieren. Nun erstellen Sie Ihr erstes Fährtenquadrat, indem Sie, ausgehend von der gesetzten Markierung, einen großen Schritt nach vorn treten und ein bis zu 1,0 m² großes Quadrat erstellen. Treten Sie hierfür innerhalb dieses Quadrates mindestens drei Minuten den Boden ab, um Bodenverletzungen herzustellen. Bitte treten Sie den Boden kräftig ab, doch scharren Sie diesen dabei nicht auf. Wichtig ist, dass Sie währenddessen nicht mehr außerhalb des Quadrates treten, damit der umliegende Boden nicht verletzt wird und Ihr Hund den Geruch unterscheiden kann.

• Nun gibt es verschiedene Möglichkeiten, das Futter innerhalb des Quadrates auszulegen. Ich stelle Ihnen im Folgenden zwei unterschiedliche vor.

• Einerseits können Sie das Futter generell überall dort auslegen, wo Sie den Boden innerhalb des Quadrates verletzt haben. An dieser Stelle ist zusätzlich zu erwähnen, dass das Futter im Laufe des Trainings leicht in den Boden eingetreten werden sollte. Dadurch lernt Ihr Hund, dass er, umso ruhiger er sucht, desto leichter wird er das Futter aufnehmen können. Das Futter sollte niemals zu fest in den Boden getreten werden.

• Andererseits ist es auch möglich, dass Sie hierbei systematischer vorgehen und die Verteilung der Futterbrocken an Ihre zum Abschluss der Bodenverletzung zusätzlich gesetzte, gezielte Schrittfolge innerhalb des Abgangsquadrates anpassen. Soll heißen, dass Sie das Quadrat geradeaus in jeweils verschiedenen Schrittarten ablaufen können, um dann in jeden Ihrer Fußabdrücke ein Leckerli zu legen. Hierzu laufen Sie in Form von geraden Linien das Quadrat von Anfang bis Ende ab, sodass aus Ihren Abdrücken Geraden entstehen.

Diese Geraden verlaufen letztlich, wenn man mehrere Geraden abläuft, parallel zueinander.

• Dies soll dazu führen, dass Ihr Hund jeden Ihrer Fußabdrücke eingehend inspiziert. Hierfür können Sie normale Schritte und alternativ enge Schritte gehen. Sollten Sie einen Hund ruhigerer Natur besitzen, wählen Sie vorzugsweise eine normale Schrittfolge. Sollte der Hund dabei zu viele Leckerlis überlaufen, wechseln Sie zu der engeren Schrittfolge. Besitzen Sie einen eher sehr agilen, schnellen Hund, wählen Sie für ihn die enge Schrittfolge. Sobald der Hund, egal, welches Temperament er innehat, in der Lage ist, jedes Futterstück zu finden und aufzunehmen, können Sie zu einer normalen Schrittfolge zurückkehren.

• Nach dem Auslegen treten Sie mithilfe eines sehr großen Schrittes aus dem Quadrat hinaus und lassen Sie die Fährte für ungefähr 15 bis 20 Minuten unangetastet liegen, damit sich die Geruchsspur entwickeln und somit auch intensivieren kann.

• Nun haben Sie Zeit, Ihren Hund noch einmal vor Beginn der Suche und in ausreichender Entfernung zum Fährtenquadrat auslaufen zu lassen.

• Im Anschluss dieser Liegezeit können Sie Ihren Hund ruhig zu der Fährte führen. Erst hier legen Sie ihm das für die Fährtenarbeit gewählte Geschirr und die Schleppleine um und lassen ihn absitzen/abliegen und eine kurze Zeit dort verweilen. Die Schleppleine sollte während des Fährtens locker in Ihrer Hand, am besten in Ihrer offenen Hand liegen, um die Gefahr auszuschließen, dass Sie Ihren Hund unterbewusst lenken.

• Lassen Sie Ihren Hund nicht in das Quadrat treten oder gar stürmen.

• Zeigen Sie nicht mit der Hand auf das Futter.

• Geleiten Sie Ihren Hund an den Startpunkt des Quadrates und sprechen Sie ihm ein kurzes(!) Lob aus, sobald er sich zum Schnüffeln mit seiner Nase dem Boden nähert und diese Fährtenspur erstmals aufnimmt. Erst dann geben Sie ihm das Startkommando „Such!".

• Das von Ihnen alternativ gewählte Startkommando sollte ausschließlich für die Fährtenarbeit genutzt werden.

• Ab nun sollten Sie erneut Obacht geben und angemessen wie auch prompt reagieren, da die korrekte Führung innerhalb der Fährte, insbesondere zu Anfang, bedeutend ist. Sollte Ihr Hund sich während des Schnüffelns ein kleines Stück weit aus dem Quadrat entfernen, lassen Sie ihn kurz gewähren und loben Sie ihn sofort, sobald er sich mithilfe seiner Nase zurück in das Quadrat begibt. So lernt er, die Gerüche innerhalb und außerhalb der Fährte zu differenzieren. Sollte er sich länger als ein paar Sekunden mit Gerüchen außerhalb des Quadrates beschäftigen oder sich mindestens eine Armlänge aus diesem hinaus entfernen, korrigieren sie ihn mittels eines Kommandos wie „Nein!". Gleichzeitig zupfen Sie leicht an der Leine, um ihn zurückzuholen. Lassen Sie Ihren Hund selbst suchen und sagen sowie zeigen Sie ihm so wenig wie möglich, wo es langgeht.

• Ziehen oder halten Sie Ihren Hund ansonsten im Laufe seiner Suche innerhalb des Fährtenquadrates nicht an der Leine zurück, da er sich dadurch im ungünstigsten Fall angewöhnt, während der Fährtenlese an der Leine zu ziehen und es dadurch zu falschen Konditionierungen kommt.

• Während Ihr Hund Futter findet und aufnimmt, sprechen Sie erneut ein Lob aus und animieren Sie ihn mithilfe des erneuten bzw. wiederholten Kommandos „Such!" zum Fortfahren.

• Je nachdem, wie ausgeprägt der Trieb Ihres Hundes in Bezug auf die Suche ist, lassen Sie ihn alle Futterbrocken im Quadrat auffressen oder beenden Sie die erste Trainingseinheit. Ich empfehle Ihnen das aktive Beenden der Einheit, wenn noch etwas Futter ausliegt, da dies Ihren Hund für das weitere Training motivieren wird.

• Zum Beenden ziehen Sie Ihren Hund nicht an der Leine aus dem Fährtenquadrat hinaus, sondern schieben oder tragen Sie ihn, je nach Größe, aus diesem hinaus. Gleichzeitig verwenden Sie hierbei ein Abbruchsignal, wie zum Beispiel „Okay!". Ihr Hund und Sie haben den ersten Schritt zum Erlernen der Fährtenarbeit gemeinsam gemeistert.

• Den weiteren Verlauf, wie Sie ausgehend von diesem ersten Abgangsquadrat nachfolgende Fährten aufbauen und dessen Schwierigkeitsgrade erhöhen, finden Sie in Kapitel 3 im Unterkapitel: 1. Anpassung der Schwierigkeitsgrade.

2. GEFAHRENQUELLEN

Im Zuge der Fährtenarbeit gibt es gewisse Gefahrenquellen, die Sie kennen und im Vorfeld ausschließen sollten, damit es niemals zu Verletzungen oder Vergiftungen Ihres Hundes kommt.

Als Beispiel für eine potenzielle Gefahrenquelle wäre zum Beispiel ein gerodetes Maisfeld zu nennen. Auf diesem kann sich Ihr Hund an den Strünken der Maiskolben, welche messerscharf sind, tiefe Schnittwunden zufügen. Insbesondere die Augen und die Schnauze Ihres Hundes sind besonders gefährdet. Auch gedüngte wie gespritzte Wiesen und Felder sind für die Fährtenarbeit zu meiden. Da viele Hunde im Frühjahr frisch gewachsenes Gras fressen, kann es unter solchen Umständen zu Magen-Darm-Problemen kommen. Ihr Hund reagiert dann mit Erbrechen und Durchfall. Auch kleine Mengen Dünger können an den Pfoten haften bleiben und später, wenn sich der Hund säubert, zu Problemen führen.

Eine weitere Gefährdung besteht in der Verwendung eines Halsbandes während der Fährtenlese. Da Ihr Hund, während er in seinem Treib ist und eine Fährte impulsiver verfolgt, schon mal Zug auf die Leine gibt, kann es hier zu Verletzungen der Halswirbelsäule kommen. Sie selbst können sich als Fährtenführer ebenso verletzten, wenn Sie zum Beispiel bei der Nutzung von

Schleppleinen aus Kordel keine Handschuhe tragen. Hier besteht durch das Material und die Reibung eine nicht unwesentliche Verbrennungsgefahr. Die Schleppleine sollte innerhalb der Pausen während der Fährtenarbeit entfernt werden. Insbesondere beim Freilauf mit anderen Hunden. Hier kann sie ansonsten zur wahren Stolperfalle mutieren und zu Missverständnissen zwischen den Hunden beitragen.

3. DAS RICHTIGE GELÄNDE

Um Fährten produktiv zu legen, sind Wiesen und Äcker (Umgebungen mit starkem Heugeruch sind zu vermeiden) mit einer relativ kurzen Graslänge, in der man die Fährte nicht sichten kann, sowie Wälder zu bevorzugen. Hier sollten Sie beachten, dass explizit Wiesen und Äcker nicht pauschal zu betreten sind, da Eigentum von Landwirten. In Wäldern gilt dieses in Bezug auf Eigentum und Pacht seitens der Förster und Jagdwächter.

Ganz zu Beginn sollte wechselndes Gelände vermieden werden. Mit den steigenden Fähigkeiten Ihres Hundes ist es vorteilhaft, das Gelände während der Ausbildung immer mal wieder zu wechseln, um ihm die Aufnahme neuer Gerüche zu ermöglichen. Feuchter Boden ist immer einem trockenen Boden zu bevorzugen, da sich auf diesem Gerüche und somit Spuren besser entfalten können. Das Fährtengelände sollte im besten Fall 24 Stunden von niemandem zuvor betreten worden sein. Als ungünstige Bodenverhältnisse sind zu nennen: Asphalt, Steinboden, Sand, Geröllflächen und begangene Straßen oder naheliegender Autoverkehr.

4. DIE PASSENDE WITTERUNG

Wie intensiv sich Gerüche auf einer Fährte entwickeln und wie lange haltbar dieser Geruchskomplex ist, hängt maßgeblich von der Witterung ab. Niederschlag, Temperatur, Wind, Luftdruck und Luftfeuchtigkeit sind die entscheidenden Faktoren. Generell ist zu sagen, dass der geübte Hund, wenn günstige Witterungsverhältnisse beim Legen und Suchen vorliegen, die Geruchsspur auch noch nach einigen Stunden über mehrere Kilometer hinweg verfolgen kann. Ungünstige Witterungsverhältnisse führen dem entgegen dazu, dass selbst jüngere und kürzere Fährten nicht mehr von Ihrem Hund aufgenommen werden können. Zu den günstigen Bedingungen zählen Windstille sowie eine feuchte, kühle Witterung. Des Weiterem leichter Schneefall und Sprühregen. Ungünstige Witterungen sind Sturm, Frost, große Hitze, starker Regen, starker Schneefall und Trockenheit.

Zum Wind sei zu sagen, dass sich, insbesondere zu Anfang des Trainings, Windstille positiv und starker Wind negativ auf die Fährtensuche auswirkt. Umso windstiller es ist, desto näher verweilt der Fährtengeruch direkt über der Spur. Umso windiger es ist, desto weiter wird der Fährtengeruch von der Spur verweht, sodass Ihr Hund dem vom Wind weggetragenen Geruch folgt, wodurch er letztlich von der Fährte abweichen oder sie sogar komplett verlassen wird. Zu Beginn sollte die Fährte immer mit der Windrichtung gelegt werden, damit der Geruch nicht zu Ihrem Hund hin-, sondern von ihm fortgeweht wird. So stellen Sie sicher, dass er von Anfang an mit tiefer Nase sucht, da ihm der Geruch nicht mithilfe des Windes direkt in seine Nase geweht wird. Erst im späteren Verlauf des Trainings sollten Sie leicht ablenkenden Seitenwind nutzen, was den

Schwierigkeitsgrad der Suche erhöht. Die Windrichtung können Sie bestimmen, indem Sie eine Handvoll beliebiges, unbedenkliches Pulver wie Mehl in die Luft werfen und zusehen, wohin dieses geweht wird.

Nieselregen und leichte Regenschauer unterstützen die Entstehung des Fährtengeruchs, starker Regen hingegen lässt die Fährte ungenau werden oder gar vollends verloren gehen.

Leichter Schneefall übt sich ebenso günstig auf die Fährte aus, sofern diese nicht komplett zuschneit. Für Neulinge ist es im Laufe des Prozesses eine hervorragende Herausforderung, wenn sie die Spur durch den leicht gefallenen Schnee nicht mehr sichten können und somit ausschließlich den Geruch der Fährte durch den Schnee hindurch aufnehmen. Auch ist es Hunden möglich, eine Fährte auf einer Schneedecke auszuarbeiten – vorausgesetzt die Fährte wurde vor der Entstehung der Schneedecke gelegt.

Bei Frost und Eis verhält es sich ähnlich wie in puncto Schnee. Leichter Frost, der es noch ermöglicht, ausreichende Bodenverletzungen zu erzeugen, ist vorteilhaft. Komplett zugefrorene

Untergründe wirken sich demnach wiederum ungünstig auf die Bildung des Fährtengeruchs aus.

Hohe Luftfeuchtigkeit verstärkt den Geruch der Fährte, Trockenheit hingegen lässt ihn sich nicht gut ausbilden. Nebel, welcher entsteht, wenn die Luft mit Wasserdampf gesättigt ist, gehört somit auch zu den guten Voraussetzungen. Sofern Sie als Fährtenführer innerhalb des Nebels selbst noch in der Lage sind, Ihre Umgebung korrekt zu erkennen, ist diese Witterung für Ihren Hund und dessen Fortschritte innerhalb der Fährtenarbeit eine gute Trainingseinheit.

Auch die Temperatur spielt eine essenzielle Rolle hinsichtlich des Zersetzungsprozesses, dem Entstehen des Geruchs. Umso wärmer es ist, desto intensiver wird der Prozess der Zersetzung ablaufen, was sich positiv auch die Geruchsbildung auswirkt. Hierbei ist selbstredend darauf zu achten, dass es Ihrem Hund schaden kann, wenn er Wärme/Hitze ausgesetzt wird. Auch wird Ihr Hund bei einer zu hohen Temperatur Schwierigkeiten haben, die Fährte aufzunehmen, da er zum Schwitzen seine Zunge nutzt und somit zwangsläufig durch das Hecheln seine Schnauze öffnen muss. Milde Wärme, besser noch feuchte, milde Wärme, eignet sich hervorragend zum Training.

Zu der Temperatur sei also im Allgemeinen zu sagen, dass, je höher diese ist, desto stärker wird der Geruch an die Umgebung abgesondert, da die Zersetzung durch Wärme beschleunigt und intensiviert wird. Eine bei hohen Temperaturen gelegte Fährte wird jedoch nur eine kurze Zeit lang aufzuspüren sein, weil der Prozess der Zersetzung, wie oben geschildert, wesentlich schneller abläuft. Bei Kälte hingegen ist der umgekehrte Fall zu beobachten. Der Zersetzungsgeruch entwickelt sich nur langsam, die dann entstandene Fährte ist jedoch länger haltbar.

5. UMGANG MIT ETWAIGEN PROBLEMEN BEI DER FÄHRTENARBEIT

Sollten während des Fährtentrainings Probleme entstehen, verlieren Sie bitte nicht die Geduld. Eine erste Sofortmaßnahme wäre eine Trainingspause von maximal zwei Wochen. Beschäftigen Sie sich in dieser Zeit anderweitig gemeinsam, indem Sie ausgiebige Spaziergänge machen oder den

Gehorsam Ihres Hundes durch Übungen aus-
bauen. Nicht wenige Hundeführer meinen es zu
Anfang etwas zu gut und bauen zu viele Trai-
ningseinheiten in den Alltag ein. Dies kann auf
beiden Seiten, auf der Ihres Hundes und der Ihri-
gen, zu Überforderung und Frustration führen.
Das Fährtentraining erfolgt, unter genannten Rah-
menbedingungen und Grenzen, generell eigens
auf Ihren Hund abgestimmt, was unter anderem
Zeit und Intensität anbelangt.

Hegen Sie keine Vergleiche zu anderen Hunden und dessen Fortschritten in Bezug auf Ihr ge-
meinsames Training. Ihr Hund ist, wie auch Sie,
ein Individuum und bedarf individueller Förde-
rung. Belohnen Sie gewünschtes Verhalten oder
Verhaltensänderungen Ihres Hundes während des
Fährtens stetig. Seien Sie sich stets bewusst und
rufen Sie sich auch in der einen oder anderen Situation, die Frust aufkommen lassen könnte, in Er-
innerung, dass Ihr Hund niemals mit Absicht Feh-
ler macht. In diesen Fällen hat er die von ihm ge-
forderte Aufgabe schlicht und ergreifend noch
nicht verstanden und kann diese somit bisher
nicht korrekt umsetzen bzw. lösen. Suchen Sie, anstatt sich zu ärgern, eine Lösung für eine Hürde

und freuen Sie sich über bisherige, beidseitige Erfolge.

Kapitel 3 Vom Freizeit-Schnüffler zum Profi

1. ANPASSUNG DER SCHWIERIG-KEITSGRADE

In diesem Kapitel möchte ich Ihnen Möglichkeiten vorstellen, wie Sie die Fährtensuche im Anschluss an das Anlegen Ihres ersten Fährtenquadrates bzw. Abgangsquadrates dahin gehend aufbauen, dass Sie Ihre erste Fährte, beginnend mit einem Fährtendreieck, welches zu Geraden (sogenannten Schenkeln) führt, legen. Mit dem Legen der ersten Schrittfährte sollte erst begonnen werden, wenn

Ihr Hund die vorherige Übung im Fährtenquadrat beherrscht, also in der Lage ist, in diesem nahezu alle Futterstücke zu finden.

Zunächst einmal gehen Sie beim Anlegen des ersten Fährtendreiecks exakt genauso vor wie beim Anlegen des ersten Fährtenquadrates. Hier jedoch – und darin liegt der wesentliche Unterschied – wird durch die Dreiecksform ein Abgang erzeugt, der Ihren Hund zu einer weiteren Trittfährte führt.

Dies ist eine gute Möglichkeit, um Ihrem Hund den Weg zu dieser ersten Trittfährte zu vereinfachen, da er sich durch die Form des Dreiecks automatisch in die richtige Richtung orientiert. Das Abgangsdreieck, welches kleiner ausfallen darf als das Abgangsquadrat, inklusive der daran anschließenden Fährte, wird wie folgt aufgebaut:

Ebenso wie beim Quadrat markieren Sie den Start mittels Ihres Stocks, Ihres Metallschildes. Nun erzeugen Sie Bodenverletzungen und achten darauf, dass der umliegende Boden unbeschädigt bleibt. Die Spitze des Dreiecks zeigt in Richtung der Trittspur, welche Sie im Anschluss an das Dreieck erstellen. Sie verteilen das Futtermittel innerhalb des Dreiecks, wobei Sie in dessen Spitze ein paar Futterbrocken mehr auslegen und drücken dieses im gesamten abgetretenen Bereich leicht in den Boden. Ausgehend von der Dreiecksspitze laufen Sie nun, einen Fuß vor den anderen setzend, eine Linie, eine Gerade, welche für den Anfang aus maximal 20 bis 30 Schritten bestehen sollte. Hierfür können Sie nun, wie in Kapitel 2 in der Schritt-für-Schritt-Anleitung zur Erstellung des ersten Fährtenquadrats erklärt, verschiedene Gangarten nutzen. Normalschritte, enge Schritte, abwechselnd enge und weite Schritte.

Im Anschluss legen Sie in jeden einzelnen Ihrer Fußabdrücke ein Leckerli und drücken es leicht in den Boden. Sofern Sie diese Technik schon während des Trainings innerhalb des Fährtenquadrats angewandt haben, wird es Ihrem Hund nun aus der Übung heraus leichter fallen, Ihre einzelnen Tritte ausführlich mit der Nase zu untersuchen und somit unweigerlich der Fährte zu folgen. Am Ende dieser Fährte erstellen Sie, unmittelbar an diese Fußspur anknüpfend, ein weiteres Abgangsdreieck inklusive Futter auf dieselbe Weise wie das erste. Sobald Sie dieses gelegt haben, verlassen Sie es mit einem großen Schritt.

Lassen Sie die komplette Fährte 15 bis 20 Minuten unangetastet liegen und sich entfalten.

Nun können Sie Ihren Hund an den Startpunkt der Fährte bringen und ihn die Suche aufnehmen lassen. Bei jeder Futteraufnahme verwenden Sie das Hörzeichen „Such!", um Ihren Hund positiv auf dieses Kommando zu konditionieren. Achten Sie darauf, dass Ihr Hund im ersten Abgangsdreieck alle Futterteile aufnimmt, sodass er sich den Geruch der Bodenverletzung bestmöglich einprägen kann. Wirken Sie, während Ihr Hund arbeitet, nur, wenn unbedingt erforderlich, mit der Leine leicht auf ihn ein. Bleiben Sie anstelle eines aktiven Einwirkens, sollte er sich weiter als 30 cm von der Fährte entfernen oder Tritte überlaufen, einfach stehen, sodass er sanft zurückgehalten wird. So lernt er ein angemessenes Suchtempo. Lassen Sie ihm etwas Zeit, um sich in die Fährte zurück zu orientieren. Auch die verbale Korrektur sowie das Lob nur sparsam einsetzen, um Ihren Hund nicht von der Suche abzulenken.

Am zweiten Fährtendreieck und somit am Endpunkt angekommen, entscheiden Sie, ob Sie Ihren Hund das Dreieck leer fressen lassen oder ob Sie die Trainingseinheit beenden und Ihren Hund hinausschieben oder heben. Das Belassen von einigen Futterstücken im zweiten Abgangsdreieck soll bewirken, dass Ihr Hund lernt, dass die größte Belohnung nicht am Ende der Fährte liegt, da er ansonsten dazu tendieren würde, hektisch und somit auch unsauber zu arbeiten, um schnellstmöglich an das Ziel zu kommen.

Sollte Ihr Hund generell zu schnell vorangehen und somit Tritte überspringen, so nehmen Sie für einen Tritt auf der Fährte ein etwas größeres Stück Futter und drücken Sie es etwas stärker in den Boden als die anderen. So lernt Ihr Hund, dass es sich lohnt, wenn er langsam und ausführlich vorgeht. Dieses Training führen Sie gemeinsam so lange fort, bis Ihr Hund gelernt hat, welche seiner Verhaltensweisen ihn während der Spurensuche Erfolg einbringen.

Im fortlaufenden Training verlängern Sie die Spur zunehmend bis hin zu ca. 50 Schritten. Im Folgenden immer weiter, bis sich eine Spur von bis zu 300 und mehr Schritten ergibt. Erst dann, wenn Ihr Hund diese so aufgebauten Fährten sicher und souverän absolviert, sollten Sie damit beginnen, das Futter zu verringern. Dies gestalten Sie schleichend, ohne dass Ihr Hund ein Muster erkennen kann. Verringern Sie also nach und nach die Futterteile auf der Fährte, indem Sie in einigen Tritten kein Futter auslegen. Dies sollte, wie erwähnt, willkürlich und nicht nach einem Schema geschehen. Beispielhaft können Sie in vier Tritte Futter legen und den Tritt darauf leer lassen. Darauffolgend in zwei Tritte Futter legen, die folgenden zwei Tritte leer lassen, usw. Hier ist darauf zu achten, dass zu Anfang weiterhin die ersten und letzten 20 Tritte Futter enthalten, damit Ihr Hund vorerst in seinen gewohnten Rhythmus beim Suchen findet und damit er zum Ende der Fährte ein Erfolgserlebnis hat, welches ihm das Selbstbewusstsein und die Sicherheit schenkt, sich auch auf kommenden Fährten Herausforderungen zu stellen. Der Futterabbau sollte auch jeweils auf die individuelle Witterung abgestimmt werden, da diese, je nach Windstärke, Regenfall etc. schon an sich eine Erhöhung des Schwierigkeitsgrades darstellt. Das Verringern des Futters sollte demnach zunächst bei guten Witterungsbedingungen separat erfolgen.

2. BESONDERE HERAUSFORDERUNGEN

Sobald Ihr Hund diese Aufgaben konzentriert und im angemessenen Tempo meistern kann, können Sie das Ablegen Ihres Hundes am Ende der Fährte integrieren. Hierfür arbeitet man gern mit einem Gegenstand, den man zu Beginn der Übung am Fährtenende auslegt. Das zweite Abgangsdreieck wird ab diesem Punkt nicht mehr erstellt. Beginnen Sie damit, dass Sie Ihren Hund, nachdem er die Fährte inklusive zweitem Abgangsdreieck abgesucht hat und sich außerhalb dessen befindet, auffordern, sich abzulegen.

Dazu stehen Sie seitlich neben Ihrem Hund, geben ihm Futter aus Ihrer Hand und drücken ihn sanft, während des Fressens, in die liegende Position. Hierbei sollen keine Handzeichen oder verbalen Kommandos gegeben werden. Ist dies problemlos möglich, so legen Sie am Ende der nächsten Fährte, welche dann kein Abgangsdreieck mehr enthält, einen Gegenstand ab, welchen Sie mit ein paar Leckerlis versehen. Sobald Ihr Hund die auf dem Gegenstand befindlichen Futterteile gefunden hat und aufnimmt, helfen Sie ihm, während er diese frisst, erneut in die Platzposition.

Dies ist, wie oben geschildert, möglich, indem Sie sich während seiner Futteraufnahme neben ihn stellen und mit leichter Unterstützung Ihrer Hand zum Ablegen bringen. Sobald Ihr Hund im Platz verweilt, belohnen Sie ihn dafür zusätzlich mit weiteren Futterstücken direkt aus Ihrer Hand. Danach beenden Sie die Übung, indem Sie ihn aus dem Platz entlassen. Die Anzahl der Leckerlis auf dem Gegenstand werden von Fährte zu Fährte reduziert. Ziel dieser Übung ist, dass Ihr Hund sich am Ende der Fährte, am positionierten Gegenstand, selbstständig ablegt. Im späteren Verlauf kann man nach diesem Prinzip weitere Gegenstände auf der Fährte ablegen.

Hat Ihr Hund den Dreh raus und kann Fährten auf gerade Strecken ausarbeiten, so können Sie zu Kurven und Schlangenlinien übergehen. Diese Erhöhung des Schwierigkeitsgrades führt dazu, dass Ihr Hund weiterhin darin geschult wird, jeden einzelnen Tritt auf der Fährte intensiv abzusuchen, um sich auf Richtungswechsel einzustellen. Im weiteren Verlauf können Sie auch rechte Winkel auf der Fährtenspur einbauen. Auf einen rechten

Winkel, welcher einer Geraden folgt, kann wiederum eine zweite Gerade folgen, wodurch sich ein Weg zurück zum Abgangsdreieck, also dem Startpunkt, ergibt.

Diese Ihnen vorgeschlagenen Übungen, welche man bestens taktisch sukzessive aufbauen und wiederholen kann, sind ein ausgezeichneter Grundstein für die weitere Ausbildung in der Fährtenarbeit.

3. PRÜFUNGEN

Fährtenarbeit ist Fleißarbeit. Bei konstruktivem, geduldigem und ausdauerndem Training wird Ihr Hund diese Aufgabe immer besser lösen und ist irgendwann, wenn denn gewollt, in der Lage, sein Talent in Fährtenprüfungen zu beweisen. Fährtenarbeit ist ein fester Bestandteil in der Prüfung für Begleithunde sowie für Gebrauchshunde und wird nach der internationalen Gebrauchshundeprüfungsordnung (IPG) abgelegt.

Innerhalb der internationalen Gebrauchshundeprüfung gliedern sich die Stufen wie folgt:

IGP I – Abteilung A Fährtenarbeit

Die Eigenfährte muss innerhalb von 15 Minuten ausgearbeitet werden und mindestens 300 Schritte lang sein. Sie muss 3 Schenkel, 2 gerade Winkel beinhalten sowie 2 Gegenstände beinhalten. Die Fährte muss mindestens 20 Minuten alt sein, bevor der Hund die Suche beginnen darf.

IGP II – Abteilung A Fährtenarbeit

Die Fremdfährte muss innerhalb von 15 Minuten ausgearbeitet werden und mindestens 400 Schritte lang sein. Sie muss 3 Schenkel, 2 gerade Winkel sowie 2 Gegenstände beinhalten. Die Fährte muss mindestens 30 Minuten alt sein, bevor der Hund die Suche beginnen darf.

IGP III – Abteilung A Fährtenarbeit

Die Fremdfährte muss innerhalb von 20 Minuten ausgearbeitet werden und mindestens 600 Schritte lang sein. Sie muss 5 Schenkel, 4 gerade Winkel sowie 3 Gegenstände beinhalten. Die Fährte muss mindestens 60 Minuten alt sein, bevor der Hund die Suche beginnen darf.

Weiterhin stellt der Verband für das Deutsche Hundewesen (VDH) verschiedene Prüfungen in der Fährtenarbeit bereit, welche sich in folgende Stufen gliedern:

- Fährtenhundprüfung Stufe 1 (FH 1)
- Fährtenhundprüfung Stufe 2 (FH 2)

Fährtenhundprüfung FH 1

Damit Ihr Hund die FH 1 ablegen darf, muss er mindestens 18 Monate alt, geimpft sowie gechipt sein und die Begleithundeprüfung erfolgreich bestanden haben. Die Fährte in dieser Prüfung muss innerhalb von 30 Minuten ausgearbeitet werden und 1200 Schritte lang sein. Sie findet auf wechselndem Gelände statt und beinhaltet 6 rechte Winkel und 4 Gegenstände unterschiedlichen Materials, die in unregelmäßigen Abständen abgelegt werden. Diese Gegenstände werden zuvor 30 Minuten vom Fährtenleger getragen. Die Hauptfährte muss mindestens zweimal von einer frischen Fremdfährte, welche von einer weiteren Person 30 Minuten nach dem Legen der Hauptfährte gelegt wird, gekreuzt werden. Die gesamte Fährte bleibt 3 Stunden liegen, bevor der Hund die Suche beginnen darf.

Fährtenhundprüfung FH 2

Damit Ihr Hund die FH 2 ablegen darf, muss er mindestens 20 Monate alt, geimpft sowie gechippt sein und die FH 1 erfolgreich bestanden haben. Die Fährte in dieser Prüfung muss innerhalb von 45 Minuten ausgearbeitet werden und 1800 Schritte lang sein. Sie findet auf wechselndem Gelände statt und beinhaltet 2 spitze Winkel, einen Bogen und 7 Gegenstände. Diese Gegenstände werden zuvor 30 Minuten vom Fährtenleger getragen. Die Hauptfährte muss mindestens zweimal von einer frischen Fremdfährte, welche von einer weiteren Person 30 Minuten vor dem Legen der Hauptfährte gelegt wird, gekreuzt werden. Die gesamte Fährte bleibt 3 Stunden liegen, bevor der Hund die Suche beginnen darf.

Kapitel 4 In welchen Bereichen wird die Fährtenarbeit eingesetzt?

1. FÄHRTENARBEIT IM HUNDESPORT

Wie im letzten Kapitel schon angesprochen, ist die Fährtenarbeit fester Bestandteil im Hundesport und wird in allen Gebrauchshundesportverbänden angeboten und unterliegt, im Kontext zu angebotenen Prüfungen, derselben internationalen Prüfungsordnung für Gebrauchshunde wie auch der Gehorsam in der Unterordnung und die Verteidigungsbereitschaft im Schutzdienst. Die Fährtenarbeit ist schätzungsweise der älteste Hundesport der Welt.

2. ZIELORIENTIERTE OBJEKTSUCHE

Die zielorientierte Objektsuche ist eine hervorragende Beschäftigung für den Innen- wie Außenbereich. Sie kann beinahe überall durchgeführt werden. Ob beim Spaziergang oder bei schlechtem Wetter innerhalb der eigenen vier Wände. Bei der zielorientierten Objektsuche geht es um die klassische Konditionierung auf einen bestimmten Gegenstand bzw. auf bestimmte Gegenstände, die letztlich im Trainingsverlauf von Ihrem Hund geruchlich wie namentlich immer differenzierter unterschieden werden können. Das Prinzip erfolgt mithilfe positiver Verstärkung über einen Clicker. Die Gegenstände, auf welche Ihr Hund konditioniert werden soll, verfügen jeweils über einen individuellen Geruchskomplex, welcher sich aus verschiedenen Düften zusammensetzt. Bei dieser

Art Training ist es daher wesentlich, dass der jeweils zu suchende Gegenstand nicht Ihren eigenen Geruch annimmt. Insofern sollte dieser auch nicht an Ihrem Körper getragen, nur mit Handschuhen berührt und lediglich für dieses gezielte Training genutzt werden. Ihr Hund soll die Gegenstände im Verlauf anhand ihrer Bezeichnung und ihres Objektgeruchs unterscheiden können. Ein Gegenstand sollte nicht zu groß sein, sodass Sie die Option haben, diesen an verschiedenen Orten zu verstecken. Nachdem Sie Ihren Hund auf einen ersten Gegenstand konditioniert haben, können Sie nach und nach ein sogenanntes Trümmerfeld aufbauen.

Zunächst besteht das Trümmerfeld aus lediglich einem Stein. Einen Stein nutzt man zu Anfang aus taktischen Gründen, da der Hund den jeweiligen Gegenstand, auf den er konditioniert wird, nicht aufnehmen, sondern lediglich erkennen bzw. unterscheiden und finden soll. Jeder Gegenstand wird Ihrerseits mit einer Vokabel und einem Sichtzeichen belegt, sodass Ihr Hund eine regelrechte Datenbank an Gerüchen anlegen kann, um die Gegenstände zu differenzieren. Zunächst wird der erste Gegenstand so unter dem Stein platziert, dass er noch leicht sichtbar ist. Ein Feuerzeug z. B. verfügt durch dessen Feuerstein und das Gas, welches es beinhaltet, über einen sehr intensiven Geruch und eignet sich somit gut als erstes Objekt.

Belegen Sie das Feuerzeug mit einer Vokabel und einem Sichtzeichen. Von Übungseinheit zu Übungseinheit wird das Feuerzeug immer weiter unter den Stein geschoben, sodass es irgendwann nicht mehr sichtbar für Ihren Hund ist. Er kann dieses also ab nun ausschließlich anhand seines Geruchs aufspüren. Hat er dies gelernt, so können Sie ihm mehrere gleiche Feuerzeuge auslegen, woraufhin er das Feuerzeug, auf welches er konditioniert wurde, von den anderen Feuerzeugen unterscheiden kann. Diese Übung können Sie mit verschiedenen Gegenständen aus verschiedenen Materialien ausführen, sodass Ihr Hund letztlich bis zu drei unterschiedliche Gegenstände unterscheiden kann. Hierbei sollten Sie darauf achten, dass sich der Materialgeruch eines Gegenstandes nicht auf den des anderen überträgt. Lagern Sie die Gegenstände daher separat. Diese verschiedenen Gegenstände können Sie nach erfolgreich aufgebautem Training auslegen und Ihren Hund dazu auffordern, den von Ihnen angesagten und angezeigten Gegenstand aufzuspüren. Bei der Objektsuche geht es also konkret um die Kombination aus Geruch und Gegenstand, welche Ihr Hund erlernen soll.

3. MANTRAILING

Der Begriff „Mantrailing" stammt aus dem Englischen und bedeutet übersetzt „Mensch verfolgen". In Kapitel 1, Unterkapitel 3 haben Sie die Definition des *Individualgeruchs* kennengelernt und genau dieser ist in diesem Bereich der Fährtenarbeit der Leitgeruch, nach welchem der Hund sucht.

Jeder Mensch verliert vehement und überall auf seinem Weg Hautschuppen, welche zu Boden fallen und sich durch den Wind in Bäumen, Hecken etc. verteilen und sogar an Häuserwänden haften bleiben. Die verlorenen Hautschuppen enthalten Ihre eigene DNS, Ihren individuellen genetischen Code, welcher so spezifisch wie ein Fingerabdruck ist und somit Ihren ganz persönlichen Geruch ausmacht. Damit Ihr Hund die Spur eines Menschen verfolgen kann, muss er im Vorfeld den Geruch des zu suchenden Menschen aufnehmen können. Dies erfolgt mittels eines Geruchsträgers, wie z. B. einem benutzen Gegenstand, etwa einem getragenen Kleidungsstück der gesuchten Person. Dieser Gegenstand sollte anfangs eine raue Oberfläche aufweisen, da auf dieser mehr Geruchspartikel haften bleiben. Je geübter Ihr Hund wird, umso glatter dürfen auch die Gegenstände ausfallen. Den benutzen Gegenstand, das getragene Kleidungsstück sollten Sie in einer ungenutzten Plastiktüte aufbewahren, damit keine weiteren Gerüche zu Irritationen beim Hund führen. Jeder Gegenstand, jedes Kleidungsstück sollte in einer separaten Plastiktüte verwahrt werden.

Es ist von Vorteil, wenn Sie beim Berühren der Gegenstände und Kleidungsstücke Einmalhandschuhe tragen, sodass Ihr eigener Geruch nicht daran haften bleibt. Beim Mantrailing verhält es sich in Bezug auf den Grad der Schwierigkeit beim Suchen genauso wie beim Fährten auf verletztem Boden. Die Witterung ist ein essenzieller Faktor für den Sucherfolg. Feuchtigkeit ist sehr hilfreich, da die Partikel auf Wegen und der Umgebung haften bleiben. Bei Trockenheit verhält es sich so, dass die Partikel sich weiter in der Umgebung verteilen können, was die Suche irritiert, sodass ein Sucherfolg ausbleibt.

Auch bei der Personensuche nutzt man ein spezielles Brustgeschirr, damit der Hund unbeeinträchtigt suchen kann. Des Weiteren kommt auch hier eine Langlaufleine zum Einsatz, die aufgrund des Zugs, welcher während des Fährtens entsteht, niemals an einem Halsband befestigt werden darf. Vor dem Beginn der Suche lassen Sie Ihren Hund an dem Trägerobjekt riechen und setzten darauffolgend ein Startsignal. Das gewählte Kommando zum Starten sollte explizit nur beim Mantrailing genutzt werden, um keine Verwechslungen bei Ihrem Hund auszulösen.

Dieser Hundesport ist in den letzten Jahren immer populärer geworden, da das Suchen nach dem individuellen Geruch eines Menschen eine tolle Challenge für die Nase Ihres Hundes ist und ihm sowie Ihnen als Halter unglaublich viel Spaß bereiten kann. Diese Art der Fährtenarbeit sollte im besten Fall unter professioneller Anleitung erlernt werden, da sie, so viel Spaß sie auch mitbringt, eine gewisse Herausforderung ist, bei der gewisse Regeln beachtet werden müssen.

4. JAGDHUNDEAUSBILDUNG

Schon vor Jahrhunderten haben sich Jäger den ausgezeichneten Spürsinn von Hunden zunutze gemacht und sind gemeinsam mit ihnen auf die Jagd gegangen. Für diesen Zweck wurden über all diese Zeit hinweg spezielle Hunderassen gezüchtet, welche dem Jäger seine Arbeit erleichtern sollen. Theoretisch kann jeder Hund im Welpenalter zu einem Jagdhund ausgebildet werden, sofern er die Voraussetzungen erfüllt, um die zwei Jahre dauernde, kostenintensive Ausbildung zu absolvieren, welche mit der Brauchbarkeitsprüfung für Jagdhunde, auch Jagdeignungsprüfung genannt, zu bestehen ist.

Es gibt spezielle Hunderassen, welche für diese Fährtenarbeit besonders geeignet sind. Um einige dieser zu nennen: Großer Münsterländer, Beagle, Dackel, Weimeraner, Deutsch Drahthaar, Deutsch Langhaar usw. An dieser Stelle ist zu sagen, dass die Ausbildung zum Jagdhund ungewöhnlich gute Fähigkeiten beim Hund voraussetzt. Sein Wesen sollte sehr gefestigt, sein Suchwille sehr groß und sein Geruchssinn überdurchschnittlich stark ausgeprägt sein, sodass er nach abgeschlossener Ausbildung dazu in der Lage ist, selbst noch bei stärkerem Regelfall stundenlang das verletzte Wild, welches sich in kilometerweiter Entfernung aufhalten kann, zu finden und zu stellen. Zu diesem oben genannten Zweck werden Jagdhunde unter anderem als Schweißhunde ausgebildet. Der Begriff „Schweiß" kommt hierbei aus der Jägersprache und bedeutet „Blut". Historisch betrachtet wurden Schweißhunde als „Bracken" bezeichnet. Dieser Begriff wird heutzutage nur noch für einen speziellen Typ der Jagdhunde verwendet. Diese Ausbildung befähigt Jagdhunde zur sogenannten Nachsuche, also dem Aufspüren von verletztem Wild. Der Jäger nennt diese Spur Wundfährte. Der Schweißhund wird dahin gehend ausgebildet, dass er den Jäger zu dem verletzten oder verendeten Wild führt.

Verschiedene Tierrechtsorganisationen (unter anderem „PETA Deutschland e. V.") weisen darauf hin, dass die Ausbildung zum Jagdhund auch heute noch oftmals unter Zuhilfenahme von negativer Verstärkung, also unter Anwendung von Schmerz, ausgeübt wird. Viele Jäger setzen auf traditionelle, harte, zwanghafte Methoden anstatt auf

Vertrauen und positive Verstärkung, also Belohnung.

5. RETTUNGSHUNDESTAFFEL

Die Einsatzgebiete für Rettungshunde untergliedern sich wie folgt:

- Mantrailing
- Flächensuche
- Trümmersuche
- Wasserortung

Da Sie das Prinzip des Mantrailings derweil kennen, springe ich infolgedessen direkt zu der Flächensuche.

Die Flächensuche zeichnet sich dadurch aus, dass der ausgebildete Rettungshund hier speziell nach verletzten, nach einem Unfall unter Schock stehenden, vermissten, suizidalen, orientierungslosen, verwirrten bis dementen Personen jeden Alters sucht. Während der Flächensuche bewegt sich der Hund weitläufig um seinen Besitzer herum durch ein unwegsames Suchgebiet, wie z. B. durch einen großflächigen Wald, um generell menschliche Witterung aufzustöbern. Hierbei ist es egal, ob die jeweilige Person in dem durchsuchten Gebiet läuft, sitzt, liegt oder kauert. Bei dieser Suche wird im Team gearbeitet, sodass mehrere Rettungshunde parallel nebeneinander suchen und somit in kürzester Zeit einen großen Bereich absuchen. Da der Hund während seiner Ausbildung ein Schema antrainiert bekommt, in welche die zu suchenden Personen fallen, benötigt er keinen Geruchsträger, also keinen Individualgeruch. Der Hund lernt während seiner Ausbildung drei Möglichkeiten, wie er gefundene Personen anzeigen kann: das Verbellen, das Bringseln und das Freiverweisen.

Beim Verbellen bellt der Flächensuchhund die aufgespürte Person so lange an, bis der Hundeführer, der dem Bellen folgt, vor Ort ist. Beim Bringseln nimmt der Hund ein sogenanntes Bringsel (einen Gegenstand, den ein speziell auf diese Methode ausgebildeter Hund in seinen Fang aufnimmt, sobald er anzeigen will, dass er jemanden gefunden hat) auf, um den Hundeführer auf den Fund aufmerksam zu machen. Beim Freiverweisen zeigt der Hund ein speziell angelerntes Verhalten, um den Hundeführer in Richtung der gefundenen

Person zu führen. Hierfür läuft der Hund immer weiter Richtung aufgespürter Person voraus, bis er den Hundeführer zum Ziel gebracht hat.

Bei der Trümmersuche sucht der Rettungshund nach verschütteten Personen nach Erdbeben, Flugzeugabstürzen, Gebäudeeinstürzen, Gasexplosionen usw. Trotz der bei solchen Einsätzen bestehenden verschiedenen Geruchsquellen, Untergründen und trotz der teilweise enormen Lärmkulisse, muss der Hund in der Lage sein, konzentriert zu arbeiten. Während der Suche bewegt sich der Rettungshund die meiste Zeit in einem ihm zugewiesenen Trümmerbereich, um dann bei einem Fund seinem Hundeführer anzuzeigen, wo expliziter gesucht werden muss. Die Ausbildung zum Rettungshund befähigt diesen dazu, dass er eine Restwitterung von einer seit geringer Zeit verstorbenen und einer noch lebenden Person unterscheiden kann, obwohl er keinen direkten Kontakt zur verschütteten Person aufnehmen kann.

Die Wasserortung wird genutzt, um nach ertrunkenen Personen zu suchen. Von einem Boot aus zeigen diese Wassersuchhunde an, in welchen Bereichen ein Tauchgang bei der Suche Erfolg verspricht. Auch im Winter, nach Eiseinbrüchen, werden diese Art Rettungshunde eingesetzt, um die verunglückte(n), jedoch oftmals schon verstorbene(n) Person(en) zu bergen. Auch die Rettung von noch lebenden Personen ist möglich, indem der Hund, welcher ein spezielles Geschirr während dieser Arbeit trägt, zum Opfer schwimmt. Der im Wasser treibende Mensch kann sich dann zu seiner Rettung an diesem Geschirr festhalten und der Wassersuchhund zieht diesen in Sicherheit. Sollte das Opfer derweil bewusstlos sein, so wird der Rettungshund dieses an einer Gliedmaße fassen und ebenfalls in Sicherheit bringen. In der Regel wird für diese Rettungssuche eine Kombination aus anwesendem Wassersuchhund und zusätzlich anwesendem Flächensuchhund eingesetzt. Der am Ufer verweilende Flächensuchhund macht sich bemerkbar, falls sich eine Person noch zum Uferbereich retten konnte oder leblos angespült wird.

6. KONTROLLE VON GEPÄCK

Zollhunde werden dahin gehend ausgebildet, dass sie unter anderem an Flughäfen das Vorhandensein von Drogen, Tabak, Geld und Sprengstoff im

Gepäck der Passagiere anzeigen. Ausbildet werden diese mindestens 12 Monate alten Suchhunde in der Zollhundeschule, welche eine Einrichtung der Deutschen Bundeszollverwaltung darstellt. Die im Vorfeld dieser Ausbildung zu bestehende Schutzhundeausbildung erstreckt sich über durchschnittlich 8 Wochen. Nach bestandener Prüfung kann der Hund die einjährige Ausbildung zum Spürhund beginnen. Das Spektrum an geeigneten Hunderassen ist bei dieser Art Sucharbeit sehr groß. Angefangen beim Riesenschnauzer und Deutschen, Holländischen sowie Belgischen Schäferhund über den Labrador Terrier, Cocker Spaniel, Dobermann, Boxer bis hin zum Jack Russell Terrier. Auch Mischlinge werden derweil zu dieser Art Spürhunden ausgebildet.

7. POLIZEIDIENSTHUNDE

Auch Hunde aus dem Polizeidienst werden seit einigen Jahren zum Zwecke der Fährtensuche ausgebildet. Zum Beispiel werden Diensthunde mit einer speziellen Fährtenausbildung dazu genutzt, um flüchtige Personen ausfindig zu machen. Die Ausbildung zum Fährten-Diensthund ist eine duale Ausbildung und beinhaltet somit auch Elemente des Mantrailings. Jeder Diensthund muss eine Grundausbildung absolvieren, um dann, aufbauend auf dieser, spezialisiert werden zu können.

Die Spezialgebiete erstrecken sich über die Drogen-, Personen-, Waffen-, Geld-, Sprengstoff-, Brandmittelsuche bis hin zum Auffinden von Leichen. Leichenspürhunde werden darauf konditioniert, dass sie den Geruch von Blut und die durch den Verwesungsprozess entstehenden und freigesetzten Gase erkennen und somit Leichen auffinden. Auch in Gebäuden, in Räumen, in denen nach einer potenziellen Tat eine Säuberung erfolgt ist, sind die feinen Geruchspartikel von z. B. Blut für diese Hunde noch sehr lange wahrnehmbar.

Herstellung und Verlag:

BoD – Books on Demand, Norderstedt

ISBN: 9783756208432

1. Auflage

Kontakt: Psiana eCom UG/ Berumer Str. 44/ 26844 Jemgum

Covergestaltung: Fenna Larsson

Coverfoto: depositphotos.com